DISNE

FROZE

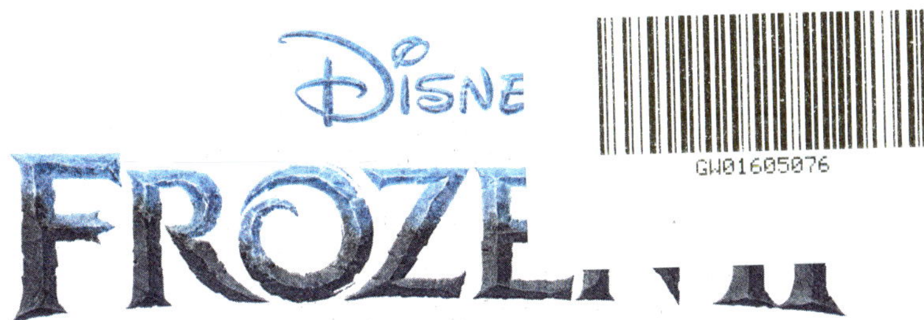

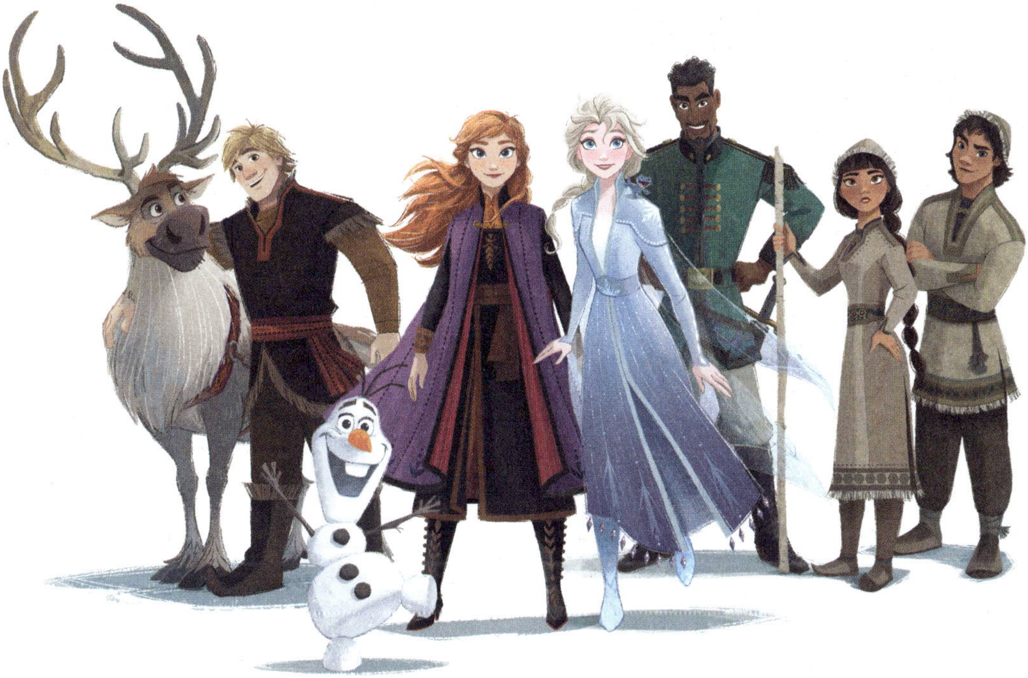

Publicado en España por Editorial Planeta, S. A., 2019
Avda. Diagonal, 662-664, 08034 Barcelona (España)
www.planetadelibrosinfantilyjuvenil.com
www.planetadelibros.com
Primera edición: octubre de 2019
ISBN: 978-84-9951-917-3
Depósito legal: B. 17.121-2019
Impreso en España

El papel utilizado para la impresión de este libro está calificado como
papel ecológico y procede de bosques gestionados de manera sostenible.

LIBROS Disney

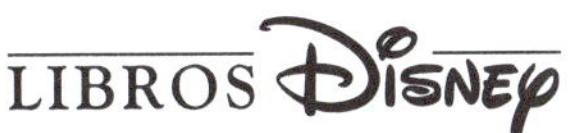

Al rey Agnarr de Arendelle le gustaba contar a sus hijas Elsa y Anna historias de épocas remotas. Una noche les habló de los ***northuldra***, un pueblo que vivía en armonía con los espíritus de la naturaleza. En señal de paz, los arendelianos les habían construido una presa.

Un día que los dos grupos se habían reunido con motivo de una celebración, se desencadenó una pelea y el ***Bosque Encantado*** quedó envuelto en una niebla impenetrable. El relato dejó muy intrigadas a Anna y Elsa.

–¿Crees que el bosque volverá a despertar? –preguntó Elsa.

–Solo Ahtohallan lo sabe –le respondió su madre.

–¿Ahto-qué? –dijo Anna.

La reina Iduna les contó que, a la hora de dormir, su madre le solía cantar una nana que hablaba de un río muy especial llamado **Ahtohallan**. Se decía que tenía todas las respuestas sobre el pasado.

–¿Nos la cantas, por favor? –le pidió Elsa.

Iduna accedió y empezó a entonar la canción. Las niñas no tardaron en quedarse dormidas.

Anna se despertó al cabo de poco. Fue corriendo a mirar por la ventana y luego le dijo a Elsa:

–***El cielo está despierto*** y yo estoy despierta, ¡así que tenemos que jugar!

Habían pasado muchos años desde esa fatídica noche y, aunque ya no tenían a sus padres, Anna y Elsa estaban muy unidas y siempre cuidaban la una de la otra.

Olaf había aprendido a leer, y Kristoff había comprado un ***anillo de compromiso***. Estaba listo para dar el siguiente paso en su relación con Anna, cosa que Sven aprobaba por completo.

Después de cenar, todos sacaban tiempo para reunirse y *jugar un rato*. Esa noche, empezó el equipo de los chicos, y Kristoff acertó todo lo que Olaf interpretó con mímica:

–Helado. Oaken. ¡Elsa!

Sven hizo **sonar una campanilla** cuando se agotó el tiempo.

Luego, Anna trató de adivinar lo que intentaba representar Elsa, pero esta parecía... distraída.

–¿Estás bien? –le preguntó Anna.

–Solo algo cansada –le respondió Elsa forzando una sonrisa–. Buenas noches... –añadió repentinamente, mientras daba media vuelta para irse a su habitación.

Lo cierto es que sí que había algo que inquietaba a Elsa: era una voz, que la llamaba para alejarla del reino. Por lo visto, nadie más podía oírla y, aunque lo había intentado, no había conseguido silenciarla.

Un rato después, Anna se asomó al dormitorio de Elsa.

–*Llevas el chal de mamá* –le dijo desde la puerta–. Solo te lo pones cuando algo va mal. Elsa no quería preocupar a su hermana y le dijo:

–Es solo que no quiero echarlo todo a perder.

Anna sabía cómo animar a Elsa, fuese con palabras o con hechos.

—¿Qué haría yo sin ti? —dijo Elsa cuando Anna empezó a entonar la nana que les cantaba su madre cuando eran pequeñas.

—***Siempre podrás contar conmigo*** —le aseguró Anna.

Elsa se quedó dormida, y al cabo de muy poco Anna también estaba soñando a su lado.

Un poco más tarde, la misteriosa voz ***despertó*** a Elsa. Una vez más, la estaba llamando. Aunque Elsa quería que se callara, no podía evitar sentir curiosidad.

¿Y si pertenecía a alguien con poderes mágicos como ella?

Decidió bajar al fiordo y, de camino, se le ocurrió responderle a la voz con un canto. Entonces sintió una especie de impulso y lanzó nieve al aire utilizando su magia. De la punta de sus dedos empezaron a ***surgir*** figuras que jamás había visto y que la rodearon: un bosque, varios renos, un chico y una chica.

Fascinada por las figuras que había creado, Elsa dejó que su magia se ***desatara*** ¡y una enorme onda expansiva recorrió todo el fiordo! La humedad ambiental se congeló y formó pequeños cristales de hielo que quedaron suspendidos en el aire.

—Aire, fuego, agua, tierra... —dijo Elsa mientras iba señalando los símbolos que mostraban los cristales.

Estaba asombrada por lo que había creado.

La ***onda expansiva*** hizo que Anna se despertara con un sobresalto. Corrió hacia el balcón en busca de Elsa, pero ante ella se encontró cientos de relucientes cristales de hielo flotando en el aire. Se quedó mirándolos maravillada. Luego divisó a su hermana, de pie en lo alto de un montículo de hielo que se alzaba junto al fiordo.

Cuando las miradas de las hermanas se encontraron, se produjo un **estallido de luz cegadora** procedente del norte y los cristales cayeron al suelo en una cascada. De inmediato, Elsa se dirigió al pueblo.

Al mismo tiempo que caían los cristales, Arendelle se iba ***transformando***. El agua dejó de fluir, el fuego se apagó, el viento rugió e hizo salir a los aldeanos de sus casas, y la tierra se onduló como el mar.

Cuando todo el mundo estuvo a salvo en los acantilados que rodeaban Arendelle, Elsa les habló a Anna y a Kristoff de la voz.

—¿Oyes voces? —le preguntó Kristoff.

—Voces no, es solo una voz —explicó Elsa.

Anna estaba perpleja.

—¿Y qué dice? —quiso saber.

Elsa les contó que la voz no le decía nada, y que simplemente le había enseñado el Bosque Encantado.

—Y ahora nos ha obligado a irnos del reino —añadió Anna.

—Para protegernos —dijo Elsa.

—¿De qué? —preguntó Anna.

—Aún no lo sé —admitió Elsa.

El suelo volvió a temblar, pero esta vez se trataba de los trols de montaña, que llegaban rodando. El Gran Pabbie fue directo hasta Elsa.

Los dos notaban que los espíritus de la naturaleza estaban enfadados.

–El pasado no es lo que parece –dijo Pabbie–. Cuando uno no es capaz de ver futuro alguno, solo puede tratar de hacer las cosas bien.

Para hacer eso, Elsa sabía que tenía que encontrar la voz.

–Y esta vez, Anna, ***no tengo miedo*** –le aseguró.

El Gran Pabbie se plantó delante de Anna y le dijo que él cuidaría de los aldeanos pero que ella debía vigilar a Elsa.

–No dejaré que le ocurra nada –le prometió Anna.

Al amanecer, Anna, Kristoff, Olaf y Sven se reunieron con Elsa. Todos se amontonaron en el trineo de Kristoff y partieron hacia el **norte** de Arendelle. Pasaron por muchos lugares que ya habían visto antes y siguieron adelante, adentrándose en lo **desconocido**.

Desde que se había aficionado a la lectura, Olaf sabía muchas cosas **curiosas** y pensó que ese viaje era la excusa perfecta para explicárselas a los demás.

–¿Sabíais que el **agua tiene memoria**? –les preguntó–. ¿Y que el ser humano tiene seis veces más posibilidades de que le caiga un rayo encima que cualquier otra criatura? ¡Lo siento por ti, Kristoff!

Con las primeras luces del alba, Elsa le pidió a Kristoff que detuviera el trineo.

–Oigo la voz –les dijo.

Un poco más adelante, después de una pequeña elevación en el terreno, se encontraron con un gran **muro de niebla resplandeciente**. Elsa sabía que habían llegado al Bosque Encantado y fue directa hacia allí. Los demás la siguieron de cerca.

Elsa se detuvo antes de llegar a la niebla. Estaba muy pensativa cuando sus amigos la alcanzaron, contemplando el muro grisáceo como si esperara que ocurriera algo.

Kristoff y Olaf, que eran muy impacientes, no tardaron en acercarse a la niebla. Cuando el chico levantó la mano y la tocó, todos vieron cómo la mano *rebotaba* hacia atrás.

Olaf arrancó a correr hacia la niebla y, en cuanto la tocó, rebotó como si fuera una pelota. Muerto de risa, repitió lo mismo una y otra vez.

Elsa le cogió la mano a Anna para que le diera fuerzas. Poco a poco, la *niebla se abrió delante de ellos*.

–Prométeme que haremos esto juntas –dijo Anna.

–Te lo prometo –le dijo Elsa.

La niebla siguió replegándose y dejó al descubierto cuatro ***monolitos de piedra***. Cuando Elsa, Anna y sus amigos echaron a andar y dejaron atrás esos pilares, ¡la niebla se cerró detrás de ellos y los dejó atrapados en el bosque!

Los colores centelleantes de la niebla mudaron al unísono. Algo había cambiado. Ahora, en vez de hacerlos rebotar si la tocaban, la niebla los obligaba a avanzar en una dirección determinada. Y cada vez más deprisa.

De pronto, la niebla los **empujó** hacia un claro del bosque.

–Pero ¿qué está pasando? –preguntó Kristoff.

Olaf tocó la niebla de la cual acababan de salir y comprobó que de nuevo le hacía rebotar.

–Vale, está claro que no quiere que nos vayamos –dijo Kristoff.

–Este bosque es precioso –dijo Elsa.

Se pusieron a caminar bajo los suaves rayos de sol que iluminaban el bosque, como si estuvieran en un **sueño**. Los altísimos árboles de relucientes hojas doradas se alzaban majestuosos hacia el cielo. Todos aminoraron el paso, abrumados por tanta belleza.

Anna se quedó sin aliento cuando subió a un punto más elevado y vislumbró una presa más abajo: ¡era la de las historias de su padre! La construcción era real y aún se mantenía ***firme***.

Kristoff se acercó a ella, valorando si ese era el momento adecuado para entregarle el anillo que llevaba en el bolsillo. Pero antes de que pudiera empezar a hablar, Anna salió corriendo, muy alarmada porque había perdido de vista a su hermana.

Cuando Elsa oyó que Anna la llamaba, se dio la vuelta hacia ella.

—¡Elsa! Estás aquí —dijo Anna, aliviada.

Elsa le aseguró que estaba bien, pero, de repente, ¡las dos se dieron cuenta de que habían ***perdido*** a Olaf!

El muñequito de nieve estaba explorando felizmente el Bosque Encantado hasta que se dio cuenta de que se había despistado y que estaba **solo**.

–¿Anna? ¿Elsa? ¿Sven? ¿Samantha? –los llamó. Entonces se rió por lo bajini–. ¡Pero si no conozco a ninguna Samantha!

Mientras miraba angustiado a su alrededor en busca de sus amigos, todo lo que antes había encontrado hermoso ahora le parecía terrorífico. Sin previo aviso, ante sus pies se abrió un gran agujero. Olaf se asomó a él.

–**¿Samantha?** –gritó.

El muñeco de nieve empezó a sentirse mejor al pensar que, cuando fuese mayor, todo cobraría sentido, ¡incluso esa extraña línea de fuego que veía ahora!

Olaf siguió adelante hasta que encontró un arroyo. Miró el agua, con la idea de sosegarse al ver una cara conocida, ¡la suya!, pero lo que se encontró en esas aguas profundas fue otra cosa muy diferente. El muñeco de nieve ***gritó*** y salió corriendo.

Una vez más, se dijo que todas estas cosas espeluznantes le parecerían normales cuando fuera mayor. Incluso esa gran ***ráfaga de viento*** que ahora iba tras él, doblando los árboles a su paso.

–No pasa nada –se dijo Olaf, haciendo ver que no ocurría nada extraño.

Era el Espíritu del Viento, que justo acababa de levantar a Olaf en el aire cuando sus amigos lo encontraron. La fuerza de la corriente lo desmembró y sus partes empezaron a dar ***vueltas y vueltas***. Al intentar ayudarlo, todos se vieron arrastrados también por el remolino de viento.

Después de que Elsa usara su magia para evitar que una rama golpeara a Anna, el Espíritu del Viento los expulsó a todos del remolino excepto a Elsa. Desesperada, Elsa lanzó un flujo continuo de nieve al ***centro*** del vórtice.

El remolino de viento se empezó a estrechar alrededor de Elsa hasta que, al final, ella abrió los brazos y liberó todo sus poderes. El aire se llenó de nieve, que se congeló y formó magníficas **esculturas de hielo**. Cada una de ellas representaba un instante pretérito.

–El agua tiene memoria –dijo Olaf. Eso explicaba por qué el hielo podía revelar el pasado.

Una de las esculturas llamó de inmediato la atención de las hermanas: ¡era el joven príncipe Agnarr ***en los brazos*** de una chica!

Mientras contemplaban maravillados la estatua, oyeron unas voces procedentes de detrás de unos arbustos. Anna arrancó la espada de hielo de una de las esculturas de Elsa, apartó con ella la vegetación ¡y dejó al descubierto a varias personas y renos! Antes de que pudiera reaccionar, más gente se dejó caer de los árboles y luego aparecieron unos soldados. ¡Eran los northuldra y los arendelianos de la historia del rey Agnarr!

Los dos bandos, que seguían reñidos después de tantos años, ignoraron a Elsa, Anna y sus amigos y empezaron a pelearse.

La líder de los northuldra, Yelana, **discutía** con el teniente arendeliano, Mattias. A Anna le resultaba familiar el rostro de Mattias, así que se acercó a él con la espada aún en la mano.

Sintiéndose amenazados, tanto los northuldra como los arendelianos se abalanzaron sobre Anna.

Elsa los derribó a todos con sus **poderes**, dejándolos estupefactos.

–Eso ha sido **magia**. ¿Lo has visto? –dijo Mattias.

–Claro que lo he visto –respondió Yelana.

Mientras, Olaf se había acercado hasta un chico y una chica northuldra.

–Hola, soy Olaf y me gustan vuestras simpáticas caras y vuestros gorros.

–Hola, yo soy Ryder... Y ella es mi hermana, Honeymaren, y a nosotros nos gusta... que puedas hablar –dijo el chico, a quien se le hacía muy extraño hablarle a un muñeco de nieve.

Cuando Mattias se puso de pie, Anna se quedó mirándolo fijamente, intentando recordar de qué le sonaba. De pronto, soltó:

–En la biblioteca, segundo retrato desde la izquierda. ¡Eras miembro de la **guardia oficial** de nuestro padre!

A Mattias le alegró muchísimo saber que el padre de las dos chicas era el rey Agnarr y que había conseguido regresar a Arendelle.

Yelana se acercó a ellos y se encaró con los tres.

–¿Por qué la naturaleza dotaría de magia a alguien de Arendelle? –dijo.

–Quizá para compensar las acciones de tu pueblo –respondió Mattias.

Todos sabían que se refería a la lejana **batalla** entre los northuldra y los arendelianos.

–Mi gente es **inocente** –dijo Yelana–. Nunca atacaríamos primero.

–Algún día se sabrá la verdad –dijo Mattias.

Elsa intentó calmarlos. Les habló de la voz que la había atraído hasta el bosque, y les dijo que creía que le daría la respuesta para liberar a todo el mundo. Les pidió que confiaran en ella.

–Nosotros solo confiamos en la naturaleza... –le respondió Yelana–. Cuando la naturaleza habla, nosotros escuchamos.

De pronto, se produjo un **brillante destello**.

—¡El Espíritu del Fuego! —gritó Yelana.

Rápida como una centella, una bola de fuego rodeó un árbol y lo encendió en llamas. **Se desató el caos** mientras se ponía a recorrer el bosque, quemándolo todo a su paso.

Elsa persiguió el fuego, usando su magia para intentar evitar que se propagara. Cuando por fin lo alcanzó, el Espíritu del Fuego no era lo que ella esperaba.

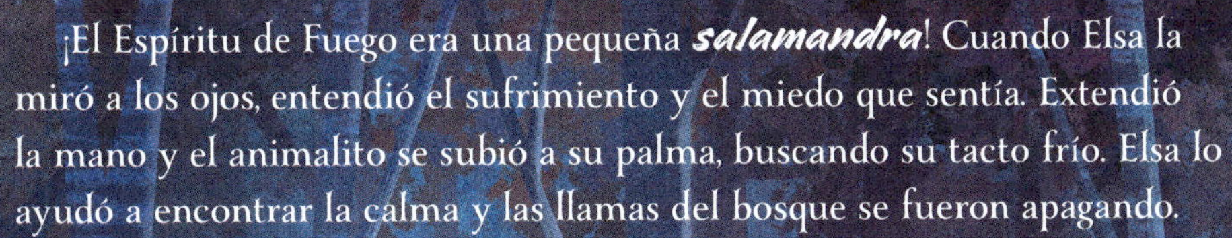

¡El Espíritu de Fuego era una pequeña ***salamandra***! Cuando Elsa la miró a los ojos, entendió el sufrimiento y el miedo que sentía. Extendió la mano y el animalito se subió a su palma, buscando su tacto frío. Elsa lo ayudó a encontrar la calma y las llamas del bosque se fueron apagando.

La voz habló, y tanto Elsa como la salamandra miraron hacia el lugar del que procedía.

—Alguien nos llama. ¿Quién es? ¿Qué hacemos? —preguntó Elsa.

La salamandra miró a la lejanía, y Elsa entendió de inmediato lo que intentaba decirle.

—Vale —susurró—. ***Sigamos hacia el norte.***

Cuando las hermanas se reencontraron, Elsa se quitó el chal de su madre y se lo puso a Anna, sabiendo que la reconfortaría. Como a Ryder y Honeymaren les intrigaba esa prenda, Elsa les explicó que era un regalo que su padre le había hecho a su madre. Había sido una de sus ***posesiones más preciadas***.

Ryder, que había reconocido los símbolos del chal, llevó a las hermanas ante las **esculturas de hielo** que había creado Elsa. Al comparar el chal de su madre con el que llevaba la chica de la escultura, Elsa vio que eran **idénticos**. ¡La salvadora de su padre era una northuldra!

Todo el mundo se quedó de piedra al conocer el sacrificio que un enemigo había hecho por el otro. De repente, todas sus diferencias, riñas y sospechas se esfumaron. Cada northuldra posó sus manos sobre los hombros de la persona que tenía delante y todos juntos se pusieron a cantar en voz baja.

Yelana se resistió hasta que no pudo negar más el vínculo que había entre todos ellos.

Cogió a Elsa y Anna de las manos.

–Nos llamamos northuldra. Somos el pueblo del Sol.

Anna y Elsa se miraron, embargadas por la emoción.

—¡Liberaré este bosque y restableceré Arendelle! —le prometió Elsa a Yelana.

Los demás northuldra y arendelianos empezaron a cuchichear entusiasmados. Lo que más deseaban en el mundo era poder salir del bosque.

—Haremos todo lo que esté en nuestras manos —les aseguró Anna.

Todo el mundo se reunió en el campamento para celebrar la importante promesa que les había hecho Elsa. Kristoff, que había descubierto que compartía con Ryder su amor por los renos, le enseñó el anillo que tenía para Anna. Ryder se **ofreció para ayudarlo** a preparar la petición de mano.

En otra parte del campamento, Mattias compartía con Anna las **sabias enseñanzas** de su padre.

–Justo cuando crees que has encontrado tu camino, la vida te marca un nuevo rumbo.

Anna sabía qué venía después de eso: que uno simplemente debe tratar de hacer las cosas bien. Mattias asintió, pero no le pasó por alto la mirada de preocupación de Anna al ver a Elsa.

Junto a la hoguera, Honeymaren le enseñaba a Elsa los símbolos de los espíritus de la naturaleza que adornaban el chal. A Elsa le sorprendió descubrir que existía un quinto espíritu, ***el puente***. Se decía que unía la magia de la naturaleza con los humanos, pero que había desaparecido cuando la gente había dejado de escuchar a la naturaleza. Algunos ancianos afirmaban haberlo oído gritar el día que el bosque quedó hechizado.

Momentos después, el suelo empezó a temblar.

Se acercaban los *Gigantes de la Tierra*, que hacían temblar el suelo con cada zancada que daban. Todos se escondieron, pero los gigantes parecían percibir a Elsa y el rastro de su magia. Al ver que se acercaban a ella, Anna gritó para atraerlos. Rápidamente, Elsa lanzó sus poderes hacia el cielo nocturno para engañar a los Gigantes de la Tierra, y estos se marcharon en otra dirección.

Mientras los Gigantes de la Tierra se alejaban con pasos pesados, Elsa fue tras ellos, pensando que podía calmarlos tal como había hecho con los espíritus del viento y del fuego.

—No quiero volver a poner a nadie en peligro. Así que nos iremos ahora y encontraremos la voz —explicó Elsa.

Anna accedió, pero primero quería avisar a Kristoff. Lo buscó por todo el campamento, pero no lo vio en ninguna parte. Con el corazón en un puño, siguió a su hermana hacia el norte.

En una pradera cercana, los preparativos para la pedida de mano habían quedado espectaculares. Había flores, mariposas y renos... Pero Anna no apareció. En su lugar llegó Yelana, quien le dijo a Kristoff que la reina y la princesa habían partido hacia el norte. Luego lo dejó a solas con sus pensamientos.

Kristoff no se podía creer que Anna **se hubiera ido sin él**.

Caminó por el bosque, intentando ordenar sus sentimientos y preguntándose si de verdad encajaba en el futuro de Anna.

De camino al norte, Elsa, Anna y Olaf habían llegado a lo alto de una colina. Atónitas, las hermanas divisaron los restos de un antiguo buque naufragado que llevaba una bandera de Arendelle desgarrada. Las jóvenes se quedaron sin respiración: ¡era el barco de sus padres! Se acercaron corriendo para echarle un vistazo.

Anna y Elsa inspeccionaron la embarcación en busca de alguna pista que pudiera revelarles por qué sus padres habían ido al mar Oscuro. Anna se arrodilló y palpó la cubierta:

–Todo barco arendeliano tiene un compartimiento impermeabilizado.

Anna no tardó en encontrarlo, y en su interior halló un ***mapa***. Las hermanas lo desplegaron en la cubierta y vieron que el río Ahtohallan estaba marcado al otro lado del mar Oscuro. ¡Así que sus padres habían emprendido el viaje en busca de respuestas sobre la magia de Elsa!

Con sus poderes, Elsa extrajo la humedad del viejo buque y creó una ***imagen*** del viaje de sus padres. Era una escultura de hielo de sus padres, que se sostenían el uno al otro justo antes de que las olas se los tragaran.

Elsa salió corriendo del barco.

–*¡Es culpa mía!* –dijo, mientras le caían las lágrimas por las mejillas.

Anna le dijo que ella no era responsable de las decisiones de sus padres y le recordó que tenía que llevar a cabo una importante misión.

–Si hay alguien capaz de arreglar el pasado y de salvar Arendelle y liberar este bosque, eres tú –insistió Anna–. Creo más en ti que en cualquier otra persona o cosa.

Una vez más, Anna le había devuelto la confianza a su hermana. Elsa prometió cruzar el mar Oscuro y encontrar el Ahtohallan, pero quería hacerlo sola.

—No, lo vamos a hacer juntas —dijo Anna. Y le recordó que en la nana de su madre había una advertencia—. ¿Quién evitará que vayas demasiado lejos?

Pero Elsa se negó.

—Has dicho que crees en mí y que he nacido para hacer esto.

—Y no pretendo impedírtelo —dijo Anna—. ***No puedo perderte, Elsa.***

—Yo tampoco, Anna —le contestó, y las dos hermanas se abrazaron.

Con su *magia*, Elsa formó un bote para Anna y Olaf y los hizo deslizarse por un sendero de hielo. Anna se revolvió, intentando detener el bote. Pensó que lo había conseguido cuando cambiaron de dirección y se salieron del hielo, pero entonces se precipitaron por una pendiente. Anna y Olaf fueron a parar a un río y se alejaron irremediablemente.

Los dos estaban enfadados con Elsa por haberse deshecho de ellos. Sin embargo, cuando Anna se dio cuenta de que Olaf también estaba asustado, intentó calmarse.

–Eh, tranquilo. Yo nunca te abandonaré, Olaf. Jamás –le dijo.

Olaf esbozó una sonrisa radiante.

–***Prométemelo*** –le pidió él levantando el meñique.

–Te lo prometo –le dijo Anna, enlazando su meñique con el de Olaf.

Entonces Anna vio algo que la obligó a hacer callar a Olaf.

–Eso no se hace –refunfuñó Olaf–. Es de mala educación...

Sin embargo, en cuanto vio que el río estaba rodeado de Gigantes de la Tierra que dormían, el muñeco de nieve bajó la voz.

–***Son inmensos*** –susurró.

Desesperada, Anna se puso a buscar una forma de escapar y vio que un poco más adelante el río se bifurcaba.

–Agárrate, Olaf –le susurró–. ***Intenta no gritar.***

La chica cogió una rama y la usó para alejarse de los Gigantes de la Tierra, que roncaban. ¡Y entonces fueron directos hacia una catarata!

Cuando Anna y Olaf llegaron abajo, el pequeño bote se hizo *añicos*. A continuación, Anna encendió una antorcha y le devolvió a Olaf su nariz.

–Gracias –dijo él, volviendo a colocársela en la cara–. *¿Dónde estamos?*

–¿En una cueva sin salida? –dijo Anna.

–¡Pero con una entrada espeluznante y negra como la boca de un lobo! –dijo Olaf al ver una pequeña abertura detrás de una roca.

Olaf cogió a Anna de la mano y se adentraron en la oscuridad, deseando que Elsa estuviera bien.

Elsa finalmente había llegado a la orilla del *turbulento* mar Oscuro. Entrecerró los ojos y miró más allá de las colosales olas, esforzándose por ver lo que había al otro lado.

Se deshizo la trenza y se ató el cabello en una cola, se quitó el manto y las botas, retrocedió unos pasos y cogió aire.

Elsa corrió hacia el agua y, según iba entrando en ella, se iban formando bajo sus pies placas de hielo con forma de **copos de nieve**. El hielo la mantenía a flote mientras se alejaba de la orilla.

Una ola se alzó ante ella. Elsa intentó llegar a lo alto antes de que **rompiera**, pero no lo consiguió y la corriente la arrastró tanto a ella como a las placas de hielo que la sostenían.

Mientras intentaba llegar a la orilla, se subió a una roca. Cuando otra ola se abalanzó sobre ella, Elsa la congeló y la usó para deslizarse. No obstante, la ola siguiente rompió el hielo y Elsa **se hundió** en el agua. Ni siquiera tuvo tiempo de fijarse en la **enorme criatura** que la observaba.

En las profundidades del mar, un destello de luz iluminó al Nokk del Agua. Se acercó nadando a Elsa y la miró a los ojos antes de desaparecer con el siguiente relámpago.

Cuando Elsa consiguió llegar a la superficie del agua, echó a correr. El Nokk del Agua la siguió y embistió el hielo. Los dos se enzarzaron en una pelea, ora encima ora debajo del agua. Finalmente, Elsa usó su magia para crear una brida de hielo.

Al principio, el Espíritu del Agua se resistió, pero pronto ambos acompasaron sus movimientos y galoparon hasta la orilla opuesta del mar. ¡Elsa había llegado al Ahtohallan! La voz misteriosa se calló y, por primera vez en su vida, se sintió completamente en paz.

El viaje la había cambiado, se sentía liberada. Estaba segura de que pronto el Bosque Encantado y toda la gente retenida en él también serían libres. ***La paz y la armonía*** por fin iban a ser restauradas en esas tierras atormentadas.

Mientras tanto, en la cueva, una ventolera trajo consigo una ***ráfaga*** de copos de nieve, y Anna y Olaf vieron cómo estos empezaban a formar una escultura de hielo. De esta manera, ¡Elsa les decía que había cruzado el mar Oscuro!

Anna se fijó bien en la escultura, y se dio cuenta de que explicaba qué había ocurrido en el bosque. ¿Qué podía hacer ella para corregir los errores del pasado? Entonces Anna recordó el consejo que le habían dado el Gran Pabbie y Mattias: trata de ***hacer las cosas bien***. ¡Y eso se propuso Anna!